MOONLIGHT JOURNEY RECIPE

世界を巡る満月珈琲店

桜田千尋◎著

いらっしゃいませ。
満月珈琲店にようこそ。

当店は星や銀河をもとにした
特別なメニューをお出ししています。
そして疲れた人だけがたどり着ける
お店だといわれております。

なるほど……あなたは
道に迷ってしまったんですね。

このあたりは細く入り組んだ小道が
多いですから無理もありません。

当店で少しゆっくり
していってはどうでしょう。

当店は旅をするお店です。
またどこかでお見かけになったら
是非お立ち寄りください。

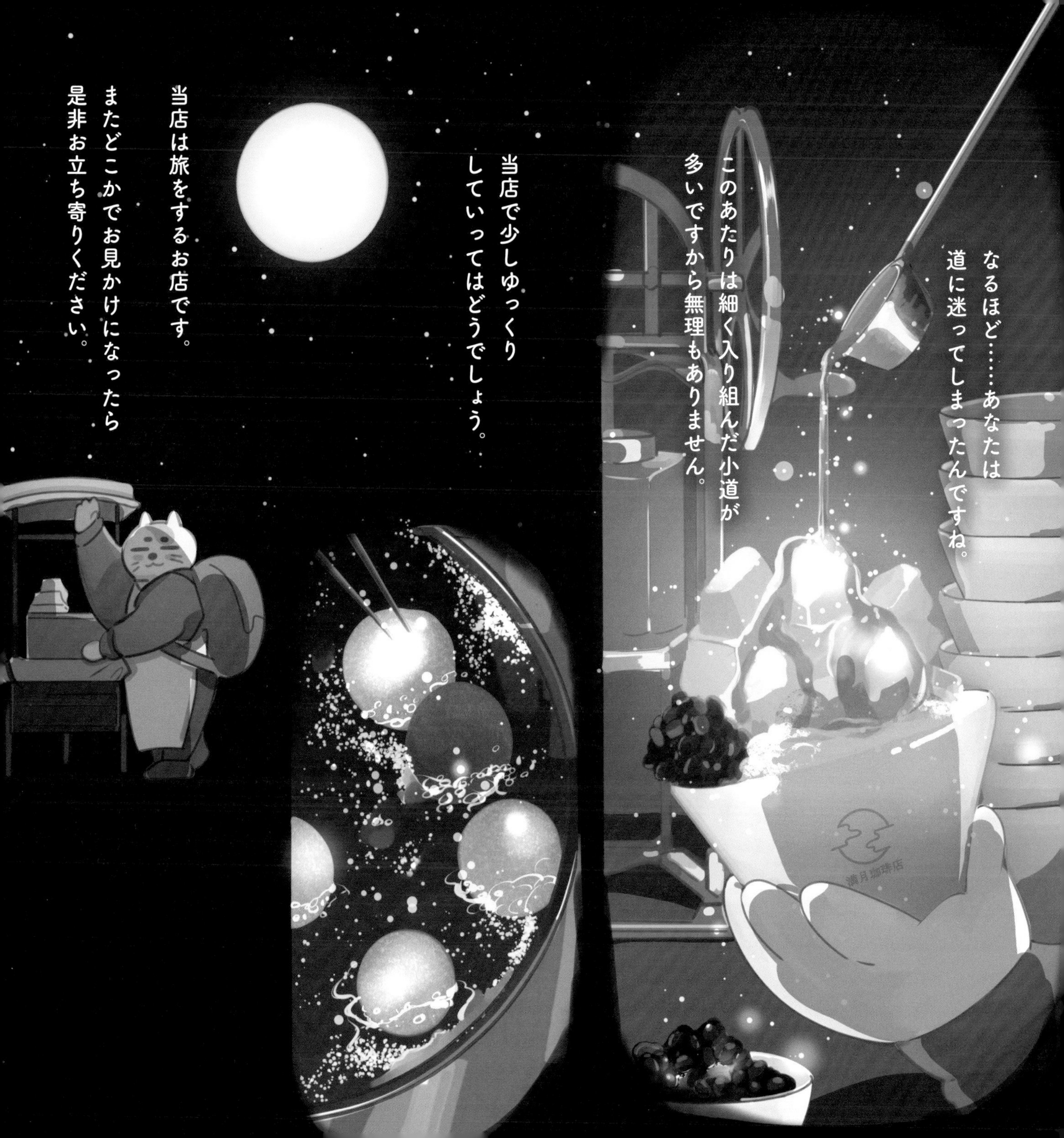

満月珈琲店レシピメニュー

満月珈琲店のレシピについて

特殊な材料について

満月珈琲店で提供されるメニューの特徴である星空や夜空、
星のきらめきなどを表現するのに、欠かせないアイテムをご紹介します。

本書のレシピの注意点

- 表記は大さじ1＝15mℓ、小さじ1＝5mℓ、1カップ＝200mℓです。
- レシピには目安となる分量や調理時間を記載していますが、食材や調理時間によって差があるため、様子を見ながらご調整ください。
- 電子レンジの加熱時間は600Wのものを使用した場合の目安です。
- 特に表記がない場合は、火力は中火です。
- 「ひとつまみ」は親指、人差し指、中指の3本の先でつまむくらいの分量です。
- オーブンを使用する場合は、あらかじめ予熱をしておいてください。
- 焼き時間は目安です。焼き色や焼き上がりを確認しながらご調整ください。
- 特に記載のない場合は、材料は室温に戻してから使用してください。
- 飲み物は、分量をわかりやすくするためにグラム表記をしている場合があります。

---

❶ ブルーキュラソー
スピリッツにオレンジの皮や青い着色料、
糖類を加えた、オレンジリキュール。

❷ 食用竹炭パウダー
竹炭を細かく粉砕し、加工した粉末。
ミネラルも豊富で、キレイな黒色を表現する。

❸ 金箔スプレー・銀箔スプレー
スプレータイプの金箔や銀箔。
さまざまなところに均一に吹きつけられる。

❹ ブラックココアパウダー
ココアパウダーのアルカリ処理の濃度や温度、
時間を調整して真っ黒にしたパウダー。

❺ フードペン
食用インクの入ったペン。口に入れても問題がないため、食べ物に直接描き込むことができる。

❻ 金箔
金を叩くことで薄くのばし、箔状にしたもの。
銀で作った銀箔もある。

❼ 銀箔シュガー
グラニュー糖に銀箔を混ぜ込み、
よりきらめきをプラスしたもの。

❽ パラチニット
飴細工用の砂糖。熱を加えて溶かして使用する。
雨などの表現に最適。

❾ 食用色素（リキッド）
液体タイプの食紅。つまようじなどで
微量ずつ加えて、色味を調整していく。

太陽のかき氷

その日沈んだばかりの太陽をカットして
黒点のあずきをふわふわのかき氷に、贅沢に盛りつけました。
まばゆい太陽の輝きと味をどうぞご堪能ください。

太陽のかき氷……………………1000円

惑星ベビーの揚げ団子

生まれたばかりの惑星たちをカリッと揚げた当店自慢のおやつです。
熱々の衣と、ふんわり甘い惑星にやみつきになること間違いなしです。

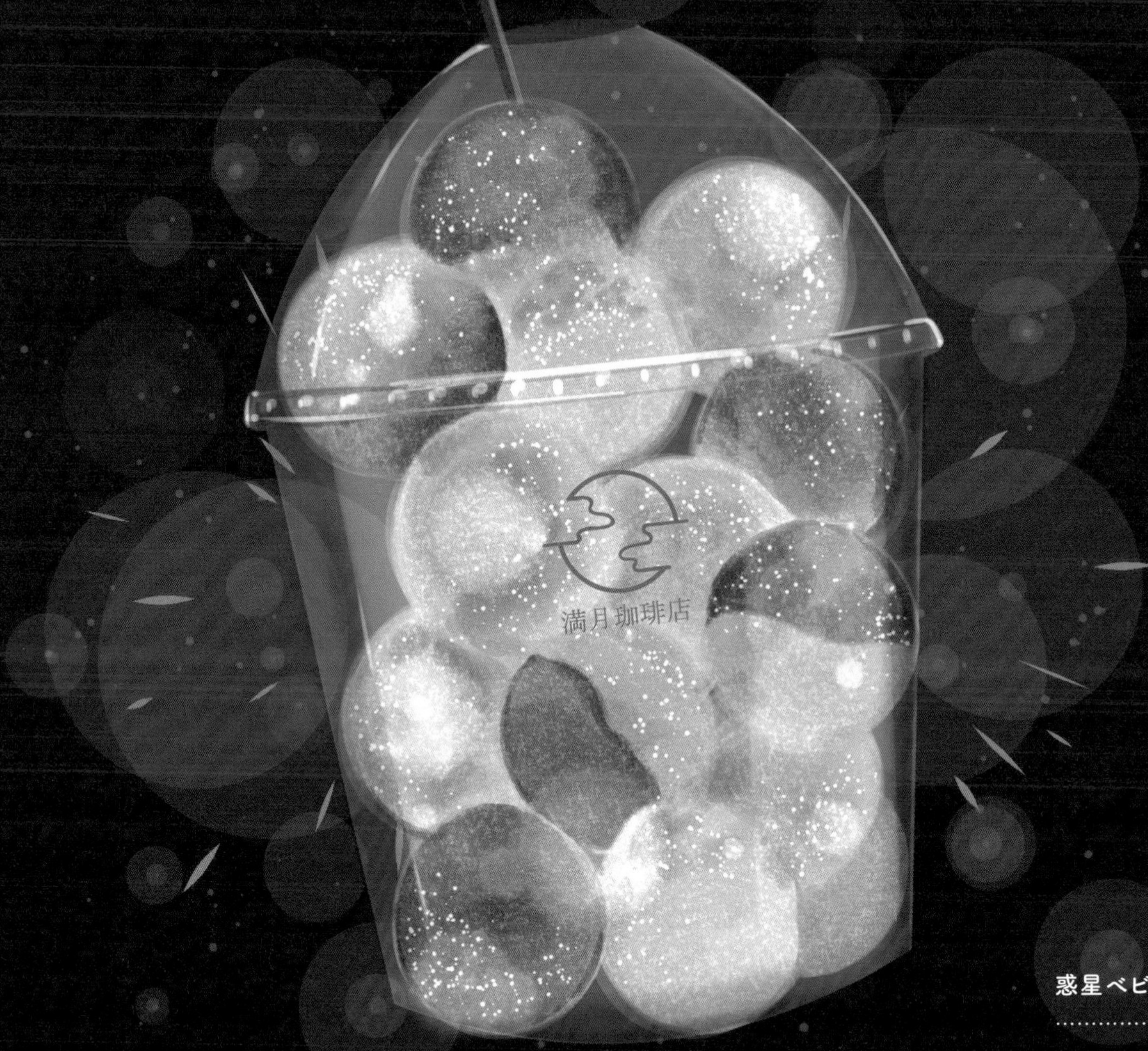

惑星ベビーの揚げ団子
……………………250円

ひんやりとした氷に、
優しいあんこの甘さがマッチ。
大きなマンゴーも食べ応え満点！

MANGETSU COFFEE

太陽のかき氷

Presented by SAKURADAKitchen.

材料（1人分）

冷凍マンゴー……………………………… 100g
グラニュー糖……………………………… 20g
レモン汁…………………………………… 20g
マンゴー…………………………………… 1個
ブロック氷………………………………… 適量
つぶあん…………………………………… 適量
金箔シュガー……………………………… 適量

作り方

1. 耐熱ボウルに冷凍マンゴーとグラニュー糖、レモン汁を入れてラップをし、レンジで1分30秒加熱する。全体を混ぜて、さらに1分加熱する。粗熱が取れたら、ミキサーにかけて冷蔵庫で冷やす。
2. マンゴーの皮と種を取り除き、食べやすい大きさにカットする。
3. かき氷器でブロック氷を削り、器に入れる。**2**のマンゴーをたっぷりのせ、**1**をかける。
4. つぶあんを盛り付け、金箔シュガーをかける。

熱々でホクホク！
さつまいもの
スイートさを味わって。

MANGETSU COFFEE

惑星ベビーの揚げ団子

Presented by SAKURADAKitchen.

材料　（プレーン）（約15個）

さつまいも……………………………… 100g
タピオカ粉……………………………… 40g
薄力粉…………………………………… 10g
砂糖……………………………………… 20g
牛乳…………………………………… 大さじ1/2
金箔スプレー…………………………… 適量

※紫いもの揚げ団子の場合は、さつまいもを紫いもに変更して作る。

作り方

【下準備】
・タピオカ粉と薄力粉はふるっておく。

1. さつまいもの皮をむいて、適当な大きさに切る。水にさらしてアク抜きし、鍋で柔らかくなるまで水（分量外）からゆでる。
2. さつまいもがゆで上がったら水気をとり、ボウルに入れて潰す。
3. タピオカ粉と薄力粉、砂糖を加えて混ぜ合わせる。牛乳を少しずつ加えて、耳たぶくらいの柔らかさにする。
4. 20gごとに丸める。
5. 150℃に温めた油（分量外）で揚げる。
6. 金箔スプレーを吹きかける。

ここは夕暮れのキャラバンキャンプ。
さまざまな星の商人が
行き交うこの場所には
たくさんの旅人が旅支度に訪れます。

当店では商人から
銀河のスパイスやフルーツを買い付けて
特製のカレーをお出ししています。
キャラバンの空の雲をふんだんに
使ったラッシーもございます。

腹ごしらえが
できたら、さぁ、
いってらっしゃいませ。

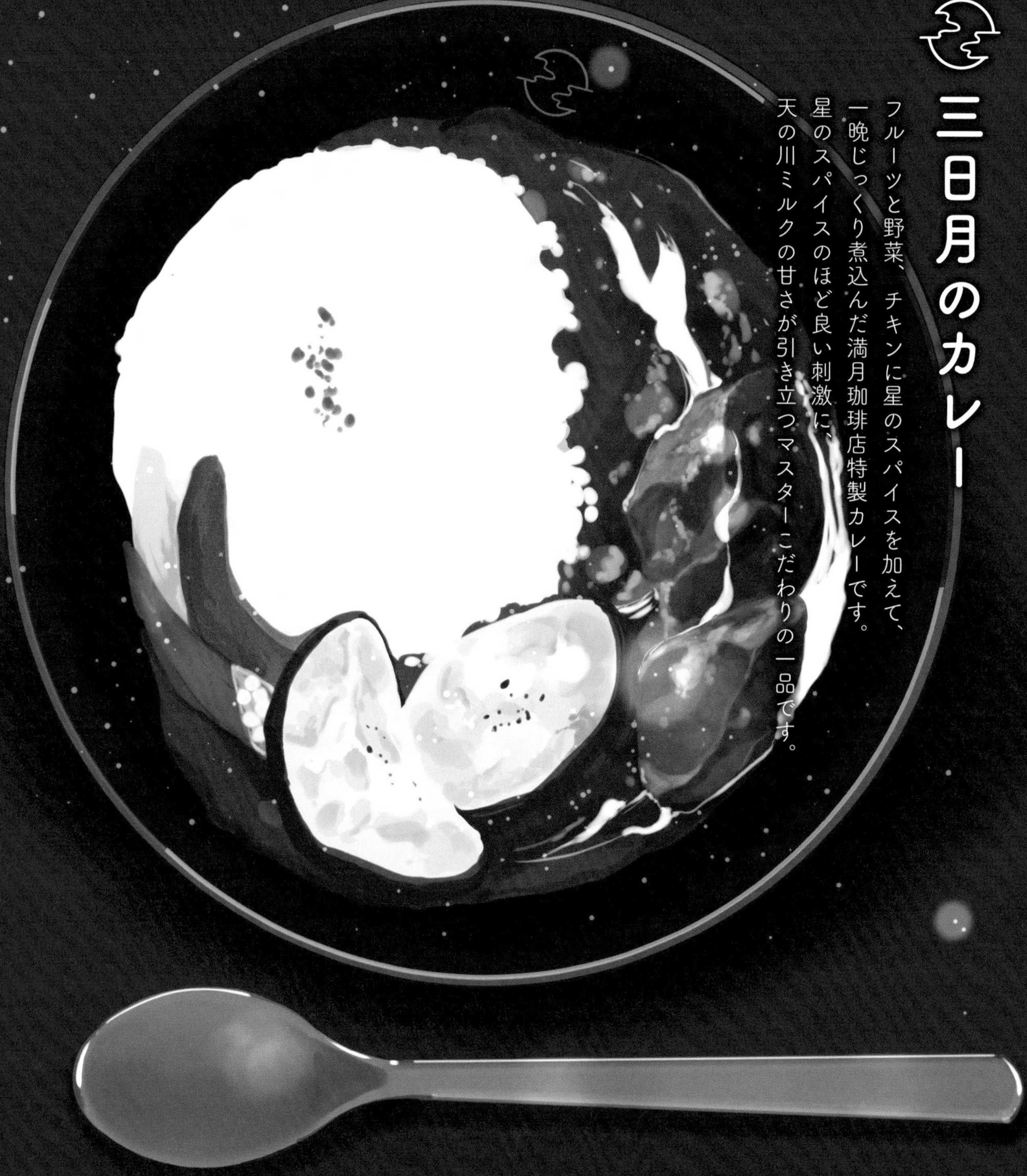

三日月のカレー

フルーツと野菜、チキンに星のスパイスを加えて、
一晩じっくり煮込んだ満月珈琲店特製カレーです。
星のスパイスのほど良い刺激に、
天の川ミルクの甘さが引き立つマスターこだわりの一品です。

三日月のカレー……800円

雲のラッシー

雲のラッシー

雲のラッシー夕焼け

雲にヨーグルトを加えシェイクした、さっぱりした甘さのドリンクです。
雲のふわふわした口当たりと、たゆたう雲の移ろいを一緒にお楽しみいただけます。

雲のラッシー……………………**各350円**

MANGETSU COFFEE

三日月のカレー

Presented by SAKURADAKitchen.

材料 (1人分)

【カレールー】(3～4人分)

パイナップル	200g
りんご	100g
バナナ	1/2本(約35g)
マンゴー	160g
にんじん	90g
にんにく	20g
しょうが	20g
トマト	1個(約160g)
バター	10 g
カレー粉	大さじ1
水	500ml
とりもも肉	1枚
玉ねぎ	1/2個(約100g)

【A】

カレー粉	大さじ1
ガラムマサラ	小さじ1/4

【B】

バター	30g
薄力粉	大さじ2

【C】

水	500ml
コンソメ(顆粒)	小さじ1
鷹の爪	1本

塩	小さじ1/2
こしょう	少々

【盛り付け】

油	適量
パプリカ(赤・黄)	各1切れ
なす	2切れ
オクラ	1本
白飯	適量
パセリ(みじん切り)	適量
生クリーム	適量

作り方

【カレールー】

1. パイナップルとりんご、バナナ、マンゴー、にんじんは、ひと口大に切る。にんにく、しょうがは、すり下ろす。
2. トマトの皮を湯むきし、細かく刻む。
3. 鍋にバターを溶かし、**1**と**2**にカレー粉を加えてサッと炒める。
4. 水を加えて、柔らかくなるまで30分ほど煮る。ハンドブレンダーを使って、なめらかになるまで撹拌する。
5. とりもも肉を一口大に切り、玉ねぎはくし形に切る。Aをふりかけてもみ込む。
6. 別の鍋にBのバターを加えて熱し、**5**を加えて炒め、Bの薄力粉をふりかけて混ぜる。Cを加えて20分煮込む。
7. 鷹の爪をとり出し、**4**を合わせて、塩とこしょうで味をととのえる。

【盛り付け】

1. 油(分量外)を敷いたフライパンで、パプリカとなす、オクラを焼く。
2. 器に白飯を盛り、パセリをふる。
3. カレールーを盛り付ける。**8**を添え、生クリームをかけて完成。

雲のラッシー

材料　（約２～３杯分）

【プレーン】

白桃缶詰	200g
ヨーグルト	120g
牛乳	120g
砂糖	大さじ３
レモン汁	小さじ２
熱湯	80ml
クリーミングパウダー	大さじ３

【夕焼け】

冷凍マンゴー	250g
ヨーグルト	120g
牛乳	100g
砂糖	大さじ３
熱湯	80ml
クリーミングパウダー	大さじ３
マンゴーソース	適量

作り方

【プレーン】

1. ミキサーに白桃缶詰とヨーグルト、牛乳、砂糖、レモン汁を入れて撹拌する。
2. 熱湯にクリーミングパウダーを溶かし、ミルクフローサーで泡立てる。
3. グラスに**1**、**2**を順に入れて軽くかき混ぜ、一番上に**2**の泡をのせる。

【夕焼け】

1. ミキサーに冷凍マンゴーとヨーグルト、牛乳、砂糖を入れて撹拌する。
2. 熱湯にクリーミングパウダーを溶かし、ミルクフローサーで泡立てる。
3. マンゴーソース、**1**、**2**を順番に入れて層にし、軽くかき混ぜマーブル状にする。

スパイスの辛さの中にフルーツと野菜の
自然な甘味が溶け込んだ一皿。

スッキリとした酸味の飲みやすさは
刺激的なスパイシーさを緩和するのに最適！

あら波のジェラート

あれ狂う海原を、
風味豊かなジェラートにしました。
ときどきマシュマロやチョコ、
星が流れ着くこともあるのでご注意ください

あら波のジェラート………350円

あら波のジェラートは
いかがですか？
水の都といわれるこの街の
あら波を使っております。

ジェラートを片手にこのまま
川沿いの道を散歩しては
いかがでしょうか？

あら波が去った水面と
街並みは
とても美しいんですよ。

MANGETSU COFFEE

あら波のジェラート

材料（2人分）

ホワイトチョコレート……………………… 適量
牛乳………………………………………… 200ml
スキムミルク……………………………… 20g
砂糖………………………………………… 20g
水飴………………………………………… 40g
生クリーム（乳脂肪分 45%）……………… 50g
ミントリキュール………………………… 適量
食用色素 緑 ……………………………… 適量
食用色素 青 ……………………………… 適量
ジェラートコーン………………………… 2個
銀箔シュガー……………………………… 適量

作り方

1. ホワイトチョコレートを湯煎で溶かし、貝殻のシリコンモールドに入れて冷やし固める。
2. 牛乳とスキムミルク、砂糖、水飴を小鍋に入れて混ぜながら弱火で温める。人肌くらいに温まったら火を止め、スキムミルクと砂糖をしっかり溶かす。
3. 生クリームとミントリキュールを入れ、食用色素の緑と青で色を調整し、冷凍庫で冷やす。ときどき混ぜながら凍らせる。
4. 凍ったらジェラートコーンの上にのせて、1のチョコレートを飾る。銀箔シュガーをかける。

口当たりのなめらかなテクスチャーで
あら波の動きを表現！

最南端の島にあるこの喫茶店まで
よくお越しくださいました。
本日のサービス
北極星のブレンド

創業時からある氷山や流氷を使ったメニューが人気でございます。

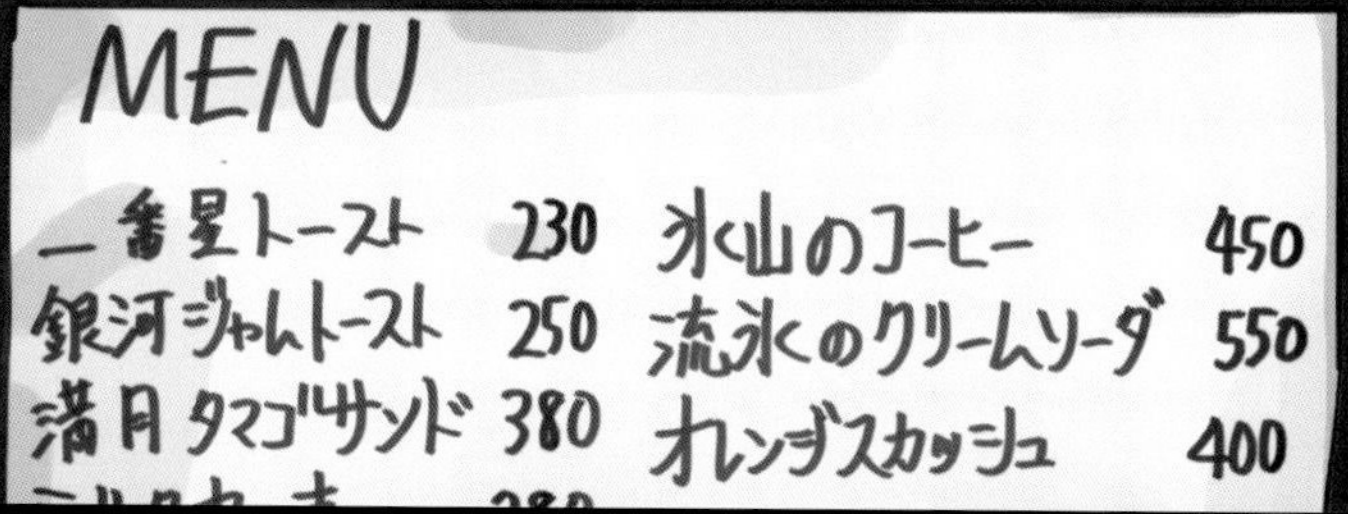

一番星トースト	230	氷山のコーヒー	450
銀河ジャムトースト	250	流氷のクリームソーダ	550
満月タマゴサンド	380	オレンヂスカッシュ	400

氷の窓から
見える夜空と
オーロラの
カーテンの
移ろいをどうぞ
お楽しみください。

氷山のアイスコーヒー
南極で見つけたコーヒーの氷山を
切り出して作ったアイスコーヒーです。
当店自慢の天の川ミルクに浮かんだ氷山は、
徐々に溶け出して味の変化をお楽しみいただけます。
満月珈琲店
氷山のアイスコーヒー………450円

流氷のクリームソーダ
冷たい海で作った、
とびきり冷たいクリームソーダです。
流氷のシャーベットとアイスが、
海へ流されないうちにお楽しみください。
流氷のクリームソーダ……550円

そびえ立つコーヒーの氷山が
ゆっくりとミルクに溶け出す
時間を楽しんで。

MANGETSU COFFEE

氷山のアイスコーヒー

材料（1杯分）

アイスコーヒー（市販）……………………… 適量
牛乳…………………………………………… 適量
エスプレッソコーヒー……………………… 適量

作り方

1. アイスコーヒーを市販のソフトクリームのフタなどに入れ、冷凍庫で凍らせる。
2. 1を氷山をイメージして削り、グラスに入る大きさにする。
3. グラスに氷（分量外）を入れ、牛乳をグラスの半分くらいまで注ぐ。
4. 2をのせて、上から熱いエスプレッソコーヒーを注ぐ。

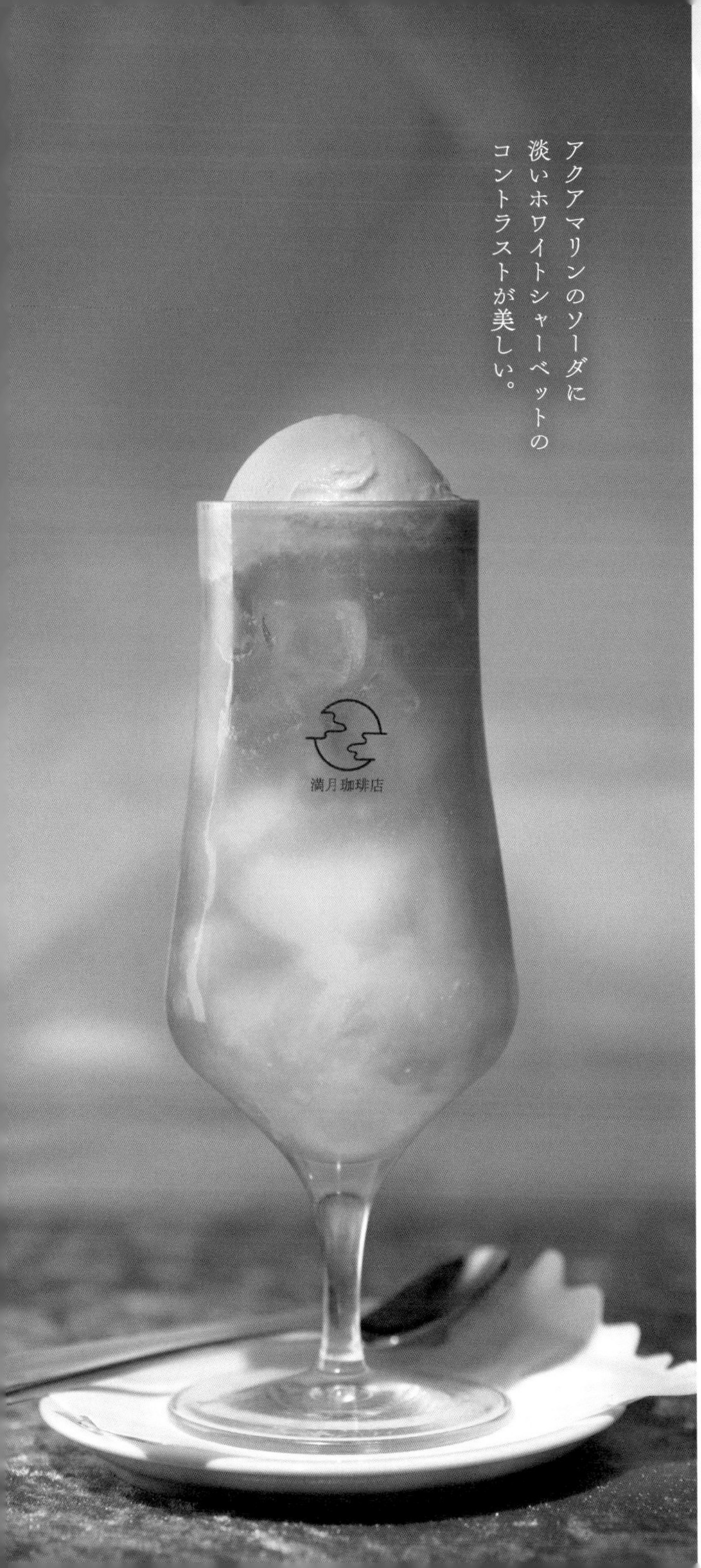

アクアマリンのソーダに
淡いホワイトシャーベットの
コントラストが美しい。

流氷のクリームソーダ

材料（1杯分）

乳酸菌飲料……………………… 150～200ml

【A】
ブルーキュラソー……………………… 30ml
水……………………………………… 150ml

氷……………………………………… 適宜
ブルーキュラソー……………………… 50ml
炭酸水………………………………… 150ml
バニラアイスクリーム………………… 適量

作り方

1. 乳酸菌飲料を凍らせる。
2. Aを合わせて凍らせる。
3. アイスピックなどを使って、1、2を砕く。
4. グラスに3と氷を交互に入れる。
5. ブルーキュラソーと炭酸水を合わせて注ぐ。
6. バニラアイスクリームをのせる。

この山は
吹雪が起こっています。
旅のお方
どうぞお気をつけて。
この先をまっすぐ進めば
優しい明かりが灯る
小さな村があります。
そこで体を温め
休んでは
いかがでしょうか。

この村の名産の
月夜のホットジュースは
飲むとたちまち体が温まって
どんな寒さにも負けないのだとか。

そうそう
村の家屋そっくりに焼かれた
雪国のブレッドも
忘れちゃいけません。
焼き立てに甘ーい雪のクリームを
のせて食べると絶品なんですって。

月夜のホットジュース

月夜に星やフルーツ、スパイスをじっくり漬け込んだ
マスター秘蔵のホットドリンクです。
寒空の下でぐいっと飲めば、
身体も心も芯から温めてくれるでしょう。

月夜のホットジュース
……………………400円

雪国のブレッド

雪深い国の小さな街を焼き上げました。
寒さをしのぐため、身を寄せ合うように建てられた
ふかふかのミルクパンの家は
ちぎってお好きな分だけ召し上がれます。
どうぞ降ってくる雪クリームと一緒にお楽しみください。

雪国のブレッド……………………600円

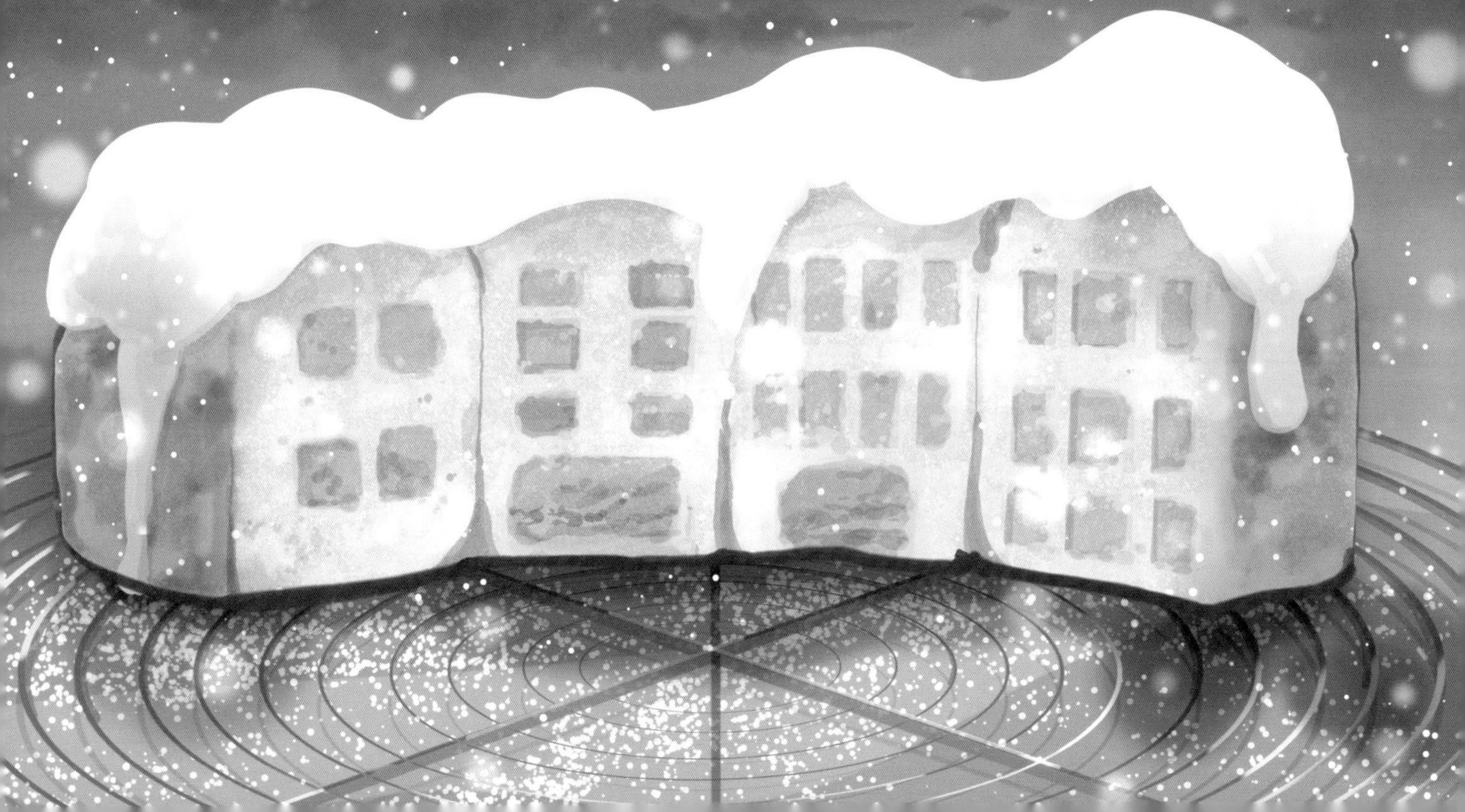

MANGETSU
COFFEE

月夜のホットジュース

Presented by SAKURADAKitchen.

材料（1杯分）

オレンジ	1/2個
レモン	1/2個
ぶどうジュース	500ml
はちみつ	大さじ2
シナモンスティック	1本
クローブ	2粒
カルダモン	3粒
ブルーベリー	7～8粒

作り方

1. オレンジとレモンをよく洗い、皮付きのまま5㎜幅の輪切りにする。
2. 鍋にぶどうジュースとはちみつ、シナモンスティック、クローブ、カルダモンを入れて火にかける。
3. 沸騰直前で1とブルーベリーを加えて、さらに加熱する。沸騰直前で火を止める。
4. 耐熱の瓶に注ぎ入れる。

MANGETSU COFFEE

雪国のブレッド

Presented by SAKURADA Kitchen.

材料　(8 × 12 × 6cm のパウンド型 2 台分)

【ブレッド】(2 台分)

強力粉…………………………………… 200g × 2
砂糖……………………………………… 20g × 2
塩………………………………………… 3g × 2
ドライイースト………………………… 4g × 2
牛乳…………………………………… 160ml × 2
生クリーム………………………… 大さじ 2 × 2
バター…………………………………… 20g × 2

※ 2 台分作るため、同分量を 2 つ計量する。

【デコレーション】

生クリーム………………………………… 200ml
砂糖…………………………………………… 30g

粉糖（溶けないタイプ）…………………… 適量
フードペン（茶色）………………………… 1 本

作り方

【下準備】

・強力粉をふるう。
・バターは常温に戻す。
・牛乳を人肌に温め、ドライイーストを加えて混ぜる。
・オーブンは 190℃に予熱する。

【ブレッド】

1. ボウルに強力粉を入れ、砂糖と塩を入れる。ドライイーストを溶かした牛乳を加えながら混ぜる。さらに生クリームと、バターを加えて混ぜる。

2. 1 の生地を軽くまとめ、打ち粉(強力粉・分量外)適量をふった台に取り出し、15 ～ 20 分、表面がなめらかになるまでよくこねる。

3. 2 の生地をひとつに丸め、ボウルに戻す。ラップをふわっとかけ、温かい場所に 50 ～ 60 分ほどおいて発酵させる（一次発酵）。

4. 生地が約 2 倍に膨らんだら、指に粉をつけて生地にさし込み、穴が元に戻らなければ一次発酵完了。ボウルからとり出し、ガス抜きをする。

5. 生地を 2 等分し、それぞれ丸め直して表面をなめらかにし、ふきんに間隔をあけて並べる。かたく絞った濡れぶきんをかけ、約 10 分おいて生地を休ませる（ベンチタイム）。

6. 型の内側にバター（分量外）を薄く塗る。生地を麺棒で伸ばして端から巻き込み、巻き終わりを下にして 2 つ並べて型に入れる。濡れぶきんをかけ、一次発酵と同じ温かい場所に 30 ～ 40 分おいて発酵させる（二次発酵）。もう 1 台分、1 ～ 6 の手順で生地を作る。

7. 6 の生地が型の縁から 2 ～ 3cm はみ出るくらいまで膨らめば、二次発酵完了。天板にのせ、190℃のオーブンで約 30 分焼く。

8. 焼き上がったら、熱いうちに型からはずして、粗熱をとる。

【デコレーション】

1. 生クリームに砂糖を加えて泡立て、6 ～ 7 分立てのクリームにする。

2. フードペンでブレッドに窓を描き、1 のクリームをのせ、粉糖をふる。

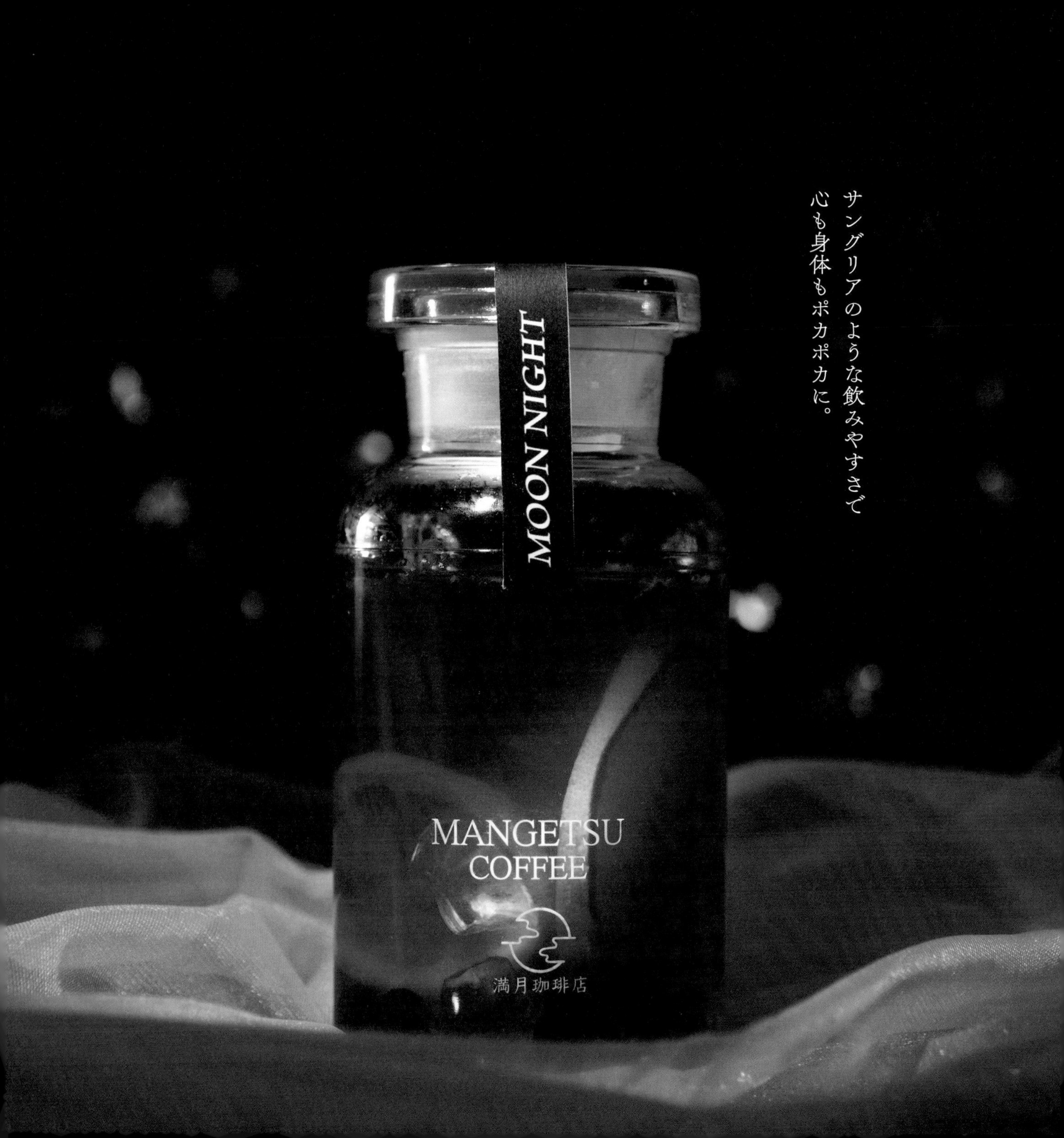

サングリアのような飲みやすさで
心も身体もポカポカに。

ふんわり積もった雪を
ゆるめに泡立てたクリームで演出！

おはようございます。
旅の人。
ここは無人島。
自由を愛する猫しかいない
静かな島です。
あなたがここに流れ着いたのも
何かの縁。
ご一緒にパンケーキは
いかがですか？
この島もちょうど
こんな形をしているんですよ。

無人島のパンケーキ

波のクリームが静かに打ち寄せる、小さな無人島のパンケーキです。
島でとれるフルーツやハチミツ
、波のクリームも一緒にお楽しみいただけます。

無人島のパンケーキ……………………980円

MANGETSU
COFFEE

無人島のパンケーキ

材料（1人前）

薄力粉	180g
ベーキングパウダー	8g
卵（M サイズ）	1個
上白糖	50g
サラダ油	大さじ1
牛乳	120ml
バニラエッセンス	1～2滴
塩	少々
ホイップクリーム	適量
粉糖（溶けないタイプ）	適量
メープルシロップ（お好みではちみつ）	適量
金粉	適量
ラズベリー	適量
ブルーベリー	適量
クランベリー	適量

作り方

1. 薄力粉とベーキングパウダーを一緒にふるう。
2. 卵と上白糖をすり混ぜる。混ざったらサラダ油を入れ、白っぽく乳化した状態になるまでさらに混ぜる。
3. サラダ油が乳化したら、牛乳とバニラエッセンスを加える。
4. 1と塩を加えて、ホイッパーを使って混ぜる。
5. フライパンを弱火で温め、サラダ油（分量外）を薄く塗る。手のひらをかざして熱さを感じるようになったら、フライパンを濡れぶきんの上で一度冷ます。極弱火に調整し、生地をお玉で流す（だいたい70～80g程度）。
6. 極弱火で1分30秒～2分程度焼き、生地にプツプツと穴があき、火が通ってきていることを確認してから、フライ返しでひっくり返す。さらに1分30秒～2分程度焼く。同様に3枚焼く。
7. お皿に盛り付け、ホイップクリームで波を描き、粉糖をふる。メープルシロップに金粉を入れ、ラズベリーとベルーベリー、クランベリーをそれぞれ添える。

さざ波のようなホイップで
のんびりタイムを満喫！

この島には時計はありません。
飽きるまで波の音に
耳を傾けてください。

日が沈みだしたら
夕食のご用意をはじめましょうか。

土星の輪っかをカリッと揚げると
キラキラと輝きます。
バーガーに輪っかをはさめば
この島のごちそうメニューのできあがり。

さぁ、できたてをいただきます!

土星のオニオンリングバーガー

カリカリにフライした土星の輪を挟んだ、ボリュームたっぷりのごちそうバーガーです。
ブラックホールになった気分で、思いっきり口を開いてがぶりとお楽しみください。

土星のオニオンリングバーガー（ほうき星のポテト付き）………980円

MANGETSU COFFEE

土星のオニオンリングバーガー

Presented by SAKURADAKitchen.

STARDUST BLEND

材料（1個分）

【オニオンリング】

玉ねぎ……1/4個
卵……1個
薄力粉……大さじ4
水……大さじ2
パン粉（細目）……適量
揚げ油……適量

【ビーフパティ】

牛ひき肉……220g
塩……小さじ1/4
こしょう……少々
ナツメグ……少々
玉ねぎ（みじん切り）……30g
パン粉……大さじ1
卵……1/2個
牛乳……大さじ1
油……適量

【組み立て】

バーガーバンズ……1個
ケチャップ……大さじ2
ウスターソース……大さじ1
リーフレタス……1枚
トマト（7～8㎜厚さの輪切り）……1枚
パイナップル……お好みで
ポテトフライ……適量

作り方

【オニオンリング】

1. 玉ねぎは、7～8㎜厚さの輪切りにしてばらしておく。
2. 卵を割りほぐし、薄力粉を加えて水を徐々に加える。1をひとつずつつけ、パン粉をまぶし、160～170℃の揚げ油（分量外）で上下返しながら、約2分ずつ揚げて、網にあげて余分な油を切る。

【ビーフパティ】

1. 牛ひき肉に塩とこしょう、ナツメグを混ぜてこねる。玉ねぎとパン粉、卵、牛乳を入れ、さらにこねる。空気をぬき、バンズより一回り大きく伸ばし丸く成形する。
2. 熱したフライパンに油を入れる。1を入れ、フライ返しで押さえながら、中まで火が通るまで両面じっくり焼く。

【組み立て】

1. バーガーバンズを横から半分にカットする。フライパンで切れ目を下にして焼く。
2. ケチャップとウスターソースを合わせて、ソースにする。
3. バンズの下半分に、リーフレタスとトマト、ビーフパティを順に重ねる。ソースをかけたら、オニオンリングをのせ、バーガーバンズの上半分を重ねる。お好みでパイナップルもはさむ。
4. 残りのオニオンリングと、ポテトフライを添える。

カリッとしたオニオンリングの食感と
ジューシィパティに
夢中になること間違いなし！

ようこそおいでくださいました。

満月珈琲店の
アフタヌーンティーへ
ようこそ。
日没から営業する当店では
アフタヌーンティーも
真夜中の開催になっております。
満月の日に摘んだ
葉だけを使用したムーンティーや
星とりどりのお菓子、
セイボリーとともに
至福のひとときをどうぞ。

MENU

本日のウェルカムティー

天の川のミルクティー

＊おとめ座のマカロン

甘くて繊細なおとめ座の心を
サクッと焼き上げました。
丁寧に優しくお取り扱いください。

＊1等星のロリポップ

その日一番に輝いた星を
ショコラでコーティングした
見た目も美しい一品。

＊銀河急行のムース

銀河鉄道で一番早い急行列車のムースです。
上品で甘酸っぱいストロベリー味です。

＊シリウスのレアチーズケーキ

＊満月のスコーン

月面の焦げ目が香ばしい満月を
焼き上げたスコーンです。

＊新月のスコーン

新月の夜空を焼き上げたスコーンです。
甘さ控えめな生地に
星のナッツや星砂糖がアクセント。

＊かに座のクラブハウスサンド

満月バターや、
クロテッドクリームを添えた
満天メニューで心躍るティータイム！

MANGETSU COFFEE

おとめ座のマカロン

Presented by SAKURADAKitchen.

STARDUST BLEND

材料

（イエローのマカロン約10個分）

卵白……………………………………………… 35g
グラニュー糖…………………………………… 20g
食用色素 黄 ………………………………… 適量
アーモンドプードル………………………… 35g
粉砂糖…………………………………………… 50g
お好みのクリームやジャム………………… 適量

※ピンクのマカロンの場合は食用色素をピンク、ブルーのマカロンの場合は食用色素を青に変更して作る。

作り方

【下準備】

・アーモンドプードルと粉砂糖はふるう。
・マカロンシートがない場合は、
　クッキングシートに3㎝の円を書いておく。
・オーブンを170℃に予熱する。

1. ボウルに卵白を入れ、ハンドミキサーで泡立てる。卵白が白くふわふわしてきたら、グラニュー糖の半量と食用色素を加えて泡立てる。

2. ツヤがあり、しっかりとした泡になってきたら残りのグラニュー糖も加え、さらに泡立てる。ツノが立ち、ボウルをひっくり返しても落ちないくらいまで泡立てる。

3. ふるっておいたアーモンドプードルと粉砂糖を加え、ヘラに持ち替えて切るようにして混ぜる。粉っぽさがなくなってきたら、生地とメレンゲの泡をつぶすようにして混ぜ、生地の固さを調整していく。

4. 生地をすくって落としたときに、ゆっくりとリボン状にひらひらと生地がつながって落ちていくようになったら、絞り袋に丸口金をつけて流し入れる。

5. オーブンシートを敷いた天板に3㎝の丸形になるように20個絞り、30～60分乾燥させる。

6. 手でさわってくっつかず、表面に薄い膜がはってきたら、170℃のオーブンで2分焼く。さらに130℃に下げ、約15分焼く。

7. 冷めたらクリームを絞り、2枚ではさむ。

MANGETSU COFFEE

1等星のロリポップ

Presented by SAKURADAKitchen.

材料（6個分）

スポンジケーキ……………………………… 60g
レモンピール………………………………… 25g
クリームチーズ……………………………… 50g
レモンチョコレート（コーティング用）… 100g
チョコペン（白）…………………………… 1本
金粉スプレー………………………………… 適量

作り方

1. スポンジケーキはおろし金などでおろし、細かくする。
2. レモンピールを、細かくカットする。
3. クリームチーズを耐熱ボウルに入れ、レンジで20～30秒ほど加熱し、ゴムベラでクリーム状になるまで混ぜる。
4. レモンピールを入れて、さらに混ぜる。1を入れて、よく混ぜ合わせる。
5. 約25gずつに分けて丸めて、ラップをして冷蔵庫で冷やす。
6. レモンチョコレートを刻み、湯煎で溶かす。
7. ロリポップ用のスティックの先に、レモンチョコレートを少量つけて5を刺す。冷蔵庫に入れて、冷やし固める。
8. 全体にレモンチョコレートをまとわせ､かためる。チョコペンで線を描くようにチョコをかけ、金粉スプレーをかける。

銀河急行のムース

材料（約6個分）

【ココアスポンジ】（28 × 28 の型1台分）

卵	3個
グラニュー糖	80g
薄力粉	55g
純ココア	10g
無塩バター	10g
牛乳	15g

【シロップ】

水	大さじ3
グラニュー糖	大さじ3
洋酒	小さじ2

【ムース】（長方形の型1台分）

生クリーム	120g
いちごピューレ	180g
微粒子グラニュー糖	20g
粉ゼラチン	8g

【ゼリー】

いちごピューレ	100g
グラニュー糖	10g
粉ゼラチン	3g

【組み立て】

金箔	適量

作り方

【下準備】

・型に紙を敷いておく。
・バターと牛乳を合わせて、湯煎で溶かしておく。
・薄力粉とココアはふるう。
・オーブンを160℃に予熱しておく。

【ココアスポンジ】

1. ボウルに卵を入れてかき混ぜ、グラニュー糖を入れてよく混ぜる。
2. 湯煎にかけ、混ぜながら人肌まで温めて、グラニュー糖を溶かす。
3. 湯煎から外し、ハンドミキサーの高速で泡立てる。白っぽくもったりしてきたら、低速に変えて生地のキメを整える。
4. 薄力粉と純ココアを加えて、ゴムベラで切るように混ぜ合わせる。
5. 粉っぽさがなくなってきたら、溶かした無塩バターと牛乳を加えて、混ぜる。
6. 全体が混ざったら、生地を型に流し入れ、160℃のオーブンで 25 ～ 30 分焼く。
7. 焼き上がったら、型から外して冷ます。

【シロップ】

1. 水とグラニュー糖を耐熱容器に入れ、レンジで加熱して溶かす。冷めたら、洋酒を加えて混ぜる。

【ムース】

1. 生クリームを8分立てにして冷蔵庫に入れておく。
2. 小鍋にいちごのピューレ、微粒子グラニュー糖を入れ沸騰直前まで温め、火からおろして粉ゼラチンを加えてよく混ぜて溶かす。
3. 2を氷水で冷やしながら、とろみがつくまで混ぜる。冷やしておいた1を加え、ゴムベラで混ぜる。

【ゼリー】

1. 小鍋にいちごピューレとグラニュー糖を入れ、混ぜながら沸騰直前まで温める。火からおろしたらゼラチンを加え、よく混ぜてゼラチンを溶かす。

【組み立て】

1. ココアスポンジの表面を削いで、型に合わせてカットして型の底に敷く。ハケでシロップを塗る。
2. 1の上にムースを半量流し込み、冷蔵庫で冷やし固める。
3. 冷え固まったら、上にココアスポンジをのせてシロップを塗り、残りのムースを入れ冷やし固める。
4. 3が固まったら、上からゼリーを流して再び冷蔵庫で冷やす。固まったら、金箔をふりかけてカットする。

満月のスコーン

材料（4～5個分）

- 薄力粉……100g
- ベーキングパウダー……4g
- 砂糖……15g
- バター……25g
- 牛乳……50ml
- 金箔スプレー……適量

作り方

【下準備】
・バターは1cm角にカットし、冷蔵庫で直前まで冷やす。
・オーブンは200℃に予熱しておく。
・粉類はふるう。

1. ボウルに薄力粉とベーキングパウダー、砂糖を入れる。バターを加えて、カードで切り混ぜる。バターの塊がなくなってきたら手の指先で粉とバターを擦り合わせて粉状にする。
2. 牛乳を入れて、ゴムベラで混ぜる。
3. 手で何回か折りたたむようにして、ひとまとまりにする。
4. 打ち粉（分量外）をした台の上に取り出し、生地を長方形に軽く整えカードで生地を半分に切る。
5. 生地を重ねて90度に回し、最初と同じくらいに生地を伸ばす。
6. **4～5**を3回くり返す。
7. ラップに包み、冷蔵庫で1時間以上休ませる。
8. 打ち粉（分量外）をした台の上に生地をのせ1.5cm厚に伸ばし、四角にカットする。クッキングシートを敷いた天板にのせる。
9. 200℃のオーブンで15～20分程焼き、金箔スプレーをかける。

新月のスコーン

材料（4～5個分）

【A】
- 薄力粉……80g
- 強力粉……25g
- ココアパウダー……20g
- ベーキングパウダー……4g

- 砂糖……30g
- バター……35g
- コーヒー粉……大さじ1/2
- 牛乳……60ml
- MIXナッツ……適量
- 金箔スプレー……適量

作り方

【下準備】
・バターは1cm角にカットし、冷蔵庫で直前まで冷やす。
・オーブンは200℃に予熱しておく。
・粉類はふるう。
・牛乳を温めてコーヒー粉を溶かす。
・MIXナッツの大きいものは粗く刻む。

1. ボウルにAと砂糖を入れる。バターを加えて、カードで切り混ぜる。バターの塊がなくなってきたら手の指先で粉とバターを擦り合わせて粉状にする。
2. コーヒー粉を溶かした牛乳を入れて、ゴムベラで混ぜる。
3. 手で何回か折りたたむようにして、ひとまとまりにする。
4. 打ち粉（分量外）をした台の上に取り出し、生地を長方形に軽く整えカードで生地を半分に切る。
5. 生地を重ねて90度に回し、最初と同じくらいに生地を伸ばす。
6. **4～5**を3回くり返す。
7. ラップに包み、冷蔵庫で1時間以上休ませる。
8. 打ち粉（分量外）をした台の上に生地をのせて1.5cm厚に伸ばし、四角にカットする。上にMIXナッツを飾り、クッキングシートを敷いた天板にのせる。
9. 200℃のオーブンで15～20分ほど焼き、金箔スプレーをかける。

日が落ちれば
ネオンの星がきらきらと輝く大都会。
そのはずれに当店はございます。

夜も眠らないこの街では
コーヒーのオーダーが
いつまでもやみません。

きっとあなたもこの後すぐに
お仕事に戻られるのでしょう。

お忙しいあなたは
どうぞ片手で食べられる
ワッフルを。

少しだけひと休みする
あなたにはとびきりの
輝くケーキを。

忙しいときこそ
食事も大切に
したいものですね。

都市のワッフル

日が落ちても忙しい
都市をワッフルにして、
栄養いっぱいの星のフルーツを
サンドしました。
片手でささっと食べられますが、
今夜は少し一息ついて
都市の味をゆっくり堪能してはいかが
でしょうか？

都市のワッフル
……………………450円

夜景のフルーツケーキ

星のようにきらきらと輝く
都会の街を、ケーキにしました。
フルーツのネオンを、
甘さ控えめな夜のクリームと
重ねた大人のケーキです。

夜景のフルーツケーキ
……………………450円

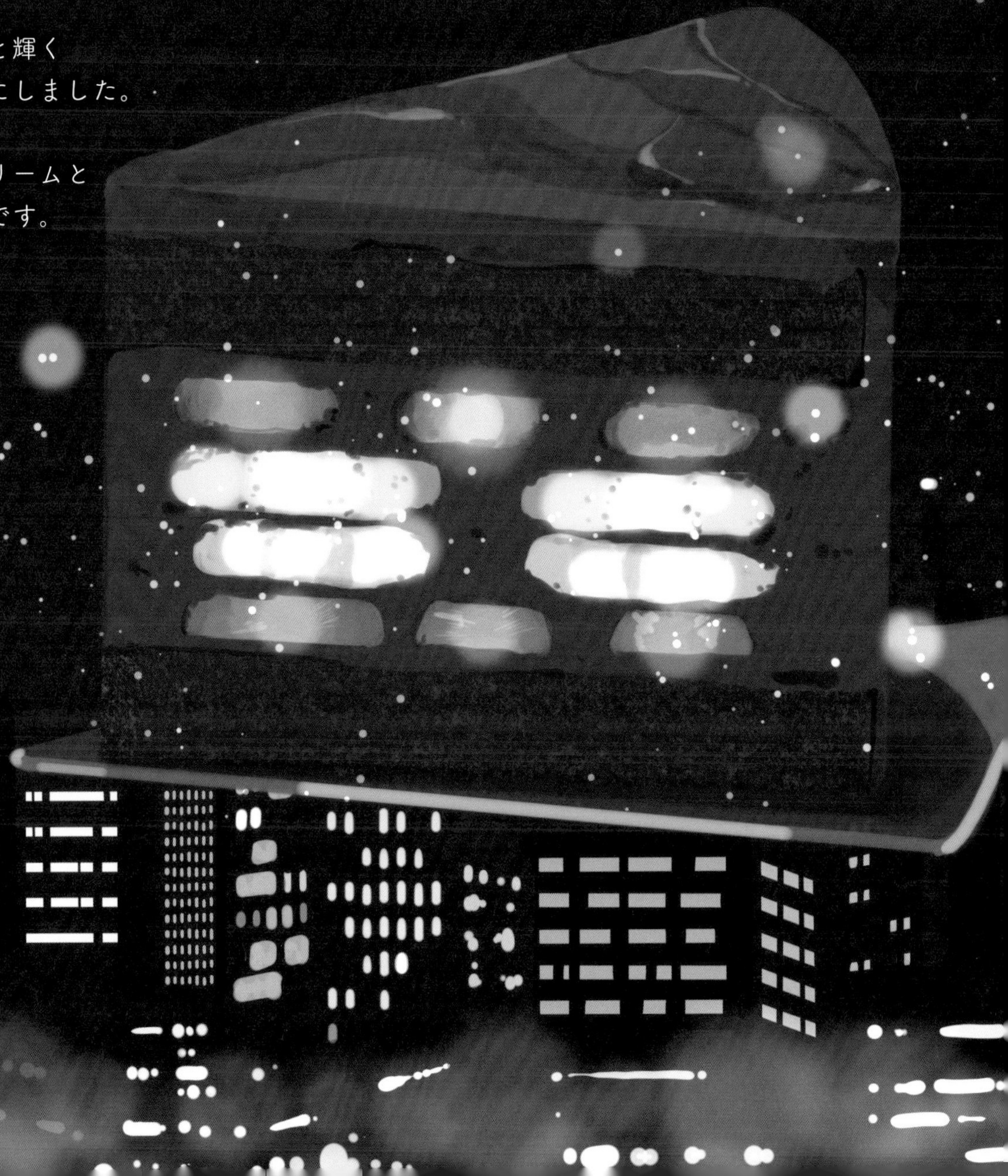

MANGETSU COFFEE

都市のワッフル

Presented by SAKURADAKitchen.

材料 (6枚分)

卵（Lサイズ）	1個（60g）
グラニュー糖	30g
塩	ひとつまみ
バニラオイル	少々
ヨーグルト（プレーン）	70g
牛乳	70g
無塩バター	20g
薄力粉	100g
ベーキングパウダー	4g
バターミルクパウダー	12g
ナパージュ	適量
食用色素 青	適量
ブルーベリー	適量
いちごソース	適量
銀箔シュガー	適量

作り方

【下準備】
・薄力粉とベーキングパウダー、バターミルクパウダーはふるう。

1. ボウルに卵を入れ溶きほぐし、グラニュー糖と塩、バニラオイルを加えて、ざらつきがなくなるまで混ぜる。
2. ヨーグルトと牛乳を順に加え、ダマが残らないように混ぜる。
3. 無塩バターを電子レンジ、または湯煎で溶かす。
4. 2にふるっておいた薄力粉とベーキングパウダー、バターミルクパウダーを加えて、練らないようにざっくり混ぜる。3の溶かしたてで熱いバターを加えて、混ぜる。
5. ワッフルメーカーに、4を流し入れる。フタをして弱めの中火で2～3分加熱する。閉じたままひっくり返して、裏面も2～3分加熱し、こんがり焼き色をつける。
6. ナパージュに食用色素 青を加えて、色を調整する。
7. ワッフルの網目に6やブルーベリー、いちごソースを入れる。銀箔シュガーをかける。

ふっくら焼けたワッフルに
酸味の効いた
いちごとブルーベリーの
ソースがアクセント！

MANGETSU COFFEE

夜景のフルーツケーキ

Presented by SAKURADAKitchen.

材料 （18cmの型１台分）

【スポンジ】
卵……………………………… 3個
グラニュー糖………………… 90g
牛乳……………………… 大さじ1
無塩バター…………………… 20g
食用色素 黒 ………………… 適量
薄力粉………………………… 90g
竹炭パウダー………………… 5g
ベーキングパウダー… 小さじ1/2

【シロップ】
グラニュー糖………………… 25g
水……………………………… 40ml
コアントロー…………… 小さじ1

【サンド用クリーム】
生クリーム………………… 200ml
グラニュー糖………………… 60g
クリームチーズ……………… 400g
ブラックココア……………… 10g
食用色素 黒 ………………… 適量

【デコレーションクリーム】
生クリーム………………… 200ml
グラニュー糖………………… 30g
竹炭パウダー………………… 5g
食用色素 黒 ………………… 適量

【仕上げ】
いちご………………………… 適量
キウイ（グリーン）………… 適量
マンゴー……………………… 適量
金箔スプレー………………… 適量

作り方

【下準備】
・卵とクリームチーズを常温に戻す。
・薄力粉と竹炭パウダーをふるう。
・オーブンは170℃に予熱しておく。
・型の側面と底に溶かしバター（分量外）をハケで塗り、強力粉（分量外）をまぶして余計な粉を落として、冷蔵庫に入れておく。

【スポンジ】
1. ボウルに卵を入れて、泡立て器でよくほぐす。グラニュー糖を加えて混ぜ、湯煎にかけて40℃くらいになったら、湯煎から外す。湯煎したお湯で、牛乳と無塩バターを温めておく。
2. ハンドミキサーの高速で、1の生地をもったりするまで泡立てる。食用色素 黒を加えて、生地に色づけする。低速に切りかえ、さらに混ぜて生地のきめを整える。
3. 2に薄力粉と竹炭パウダーの半量を加えて、ゴムベラでさっくり混ぜる。さらに残りの薄力粉と竹炭パウダー、ベーキングパウダーを加えて同様に混ぜる。
4. 1で温めたバターと牛乳を加えて、よく混ぜる。
5. 型に流し入れ、170℃のオーブンで30分ほど焼く。竹串を刺して何もついてこなければ、型から外し網の上で冷ます。
6. 冷めたら表面の部分は切り落とし、横半分にスライスする。

【シロップ】
1. グラニュー糖と水を小鍋に入れて、中火にかける。グラニュー糖が溶けたら火を止めて、コアントローを入れる。

【サンド用クリーム】
1. ボウルに生クリームとグラニュー糖を入れて、氷水に当てながらハンドミキサーで8分立てに泡立てる。
2. 別のボウルでクリームチーズをよく練り、柔らかくしたらブラックココアと食用色素 黒を入れてよく混ぜる。
3. 1のホイップクリームと合わせて、混ぜる。

【デコレーションクリーム】
1. ボウルに生クリームとグラニュー糖、竹炭パウダー、食用色素 黒を入れる。氷水に当てながら、ハンドミキサーで8分立てに泡立てる。

【仕上げ】
1. スライスしたスポンジの表面に、シロップを塗る。
2. サンド用クリームをのせ、パレットナイフで伸ばして全体に塗る。
3. さらにスポンジをのせて、デコレーションクリームをのせる。パレットナイフで、全面に塗り広げる。
4. 3をカットする。スライスしたいちごとキウイ、マンゴーをきれいに見えるよう、スポンジの間のホイップクリームの断面に貼りつける。断面に金箔スプレーを吹きかける。

竹炭パウダーとブラックココアで
クリームの夜闇を仕立てる。

スコールのジュース

ジャングルでとれた、甘いフルーツのシロップにスコールを
注ぎ入れた雨季だけ楽しめるサイダーです。
自然の恵みたっぷりのサイダーを、雨宿りしながらゆっくりお楽しみください。

スコールのジュース……………………各400円

当店は雨宿りカフェとも
呼ばれています。
さぁ遠慮はせず中へお入りください。

スコールは少し困りものですが
雨雲はとても甘く、
スコールが育てた
ジャングルに実るフルーツは
絶品なんですよ。
やがては空が晴れます。それまでは
スコールの恵みのジュースを
雨音とともに、お楽しみください。

綿菓子に刺した飴細工で
ジュースに雨が降り注ぐ！

MANGETSU COFFEE

スコールのジュース

材料（各１杯分）

【黄色のジュレ】

水…………………………………… 100ml
粉ゼラチン……………………………… 3g
かき氷シロップ（レモン）……… 50ml

【雲】

パラチニット……………………… 適量
銀箔シュガー（ブルー）………… 適量
ザラメ（白）……………………… 適量

【仕上げ】

氷…………………………………… 適量
チェリー（シロップ漬け）… お好みで
ブルーキュラソーシロップ……… 適量
かき氷シロップ（メロン）……… 適量
炭酸水……………………………… 適量

作り方

【下準備】

・粉ゼラチンは少量の水（分量外）でふやかす。

【黄色のジュレ】

1. 小鍋に水を入れて沸騰させ、ふやかした粉ゼラチンを入れて完全に溶かす。
2. かき氷シロップを加えて混ぜ、粗熱がとれたらボウルに移す。氷水を当てて冷やしながら、ジュレ状になるまで混ぜる。

【雲】

1. 小鍋にパラチニットを入れて、火にかけて溶かす。フォークなどで少量すくい上げて、細い線になったらハサミでカットする。
2. クッキングシートの上におき、銀箔シュガーをふりかける。
3. 綿菓子器にザラメを入れて、綿菓子を作る。

【仕上げ】

1. グラスを２つ用意し氷と、お好みでチェリーを入れる。
2. １つにブルーキュラソーシロップ、もう１つにメロンのかき氷シロップと黄色のジュレを少量入れる。それぞれに炭酸水を、グラスの半分くらいまで注ぐ。
3. ストローを刺して、ストローに曇の形を意識して綿菓子をつけ、パラチニットを雨のようにして綿菓子につける。

遺跡のシュガーラスク

砂漠の果てで忘れられた遺跡を、
ラスクにしました。
日光がじゅわっと染み込み、
砂漠のシュガーがまぶされたラスクは、
どこか懐かしい味がします。

遺跡のシュガーラスク…………480円

ここはかつて街だった場所。
たくさんの旅をして
少しお疲れのようですね。
ここでちょっと
私と語らいませんか？

これもかつては
人が住む街であったものです。
黄金のハチミツと砂嵐のシュガーを
からめると旅の疲れを癒してくれる
とっておきの
甘ーいお菓子になるんですよ。

今日は流星がキレイですね。
遠い昔を生きた人たちも
きっと同じように星を見ていたと思うと
なんだか不思議なものですね。

MANGETSU COFFEE

遺跡のシュガーラスク

Presented by SAKURADAKitchen.

材料 （4人分）

フランスパン	1/3本
溶かしバター	20g
グラニュー糖	適量
金箔シュガー	適量
銀箔シュガー	適量

作り方

【下準備】
・オーブンは130℃に予熱する。

1. フランスパンを数枚スライスし、残りをスティック状にカットする。

2. 耐熱皿にオーブンシートを敷き、**1**を重ならないように並べる。ラップをせずに、電子レンジで1分30秒加熱して冷ます。

3. クッキングシートを敷いた天板に**2**を並べる。溶かしバターを塗り、グラニュー糖をふりかけ130℃のオーブンで15～20分ほど焼く。

4. 金箔シュガーと、銀箔シュガーをふりかける。

サクッとしたラスクには
金箔シュガーと銀箔シュガーで
きらめきをプラス！

星雲の点心

小宇宙で生まれたばかりの
星雲の点心です。
まだ一口サイズの星雲ですが、
たくさんの
銀河や星の美味しさが
ギュギュッと詰まっています。

星雲の点心（3個セット）
……………………450円

さぁさぁいらっしゃい！
銀河横丁名物の
星雲の点心ができたてだよ！

生まれたばかりの星雲は
とってもジューシィ。
ほっぺたが落ちちゃうくらい
美味しいよ！

あつあつだから気をつけてね。
中から染み出る
宇宙のスープも残さずにね。

星雲の点心

材料（2人分）

【餡】

ぶたの背脂	10g
むきエビ	50g
グラニュー糖	小さじ1/2
卵白	4g
塩	小さじ1/4
こしょう	少々
ごま油	小さじ1
片栗粉	6g

【生地】

貫雪粉（浮き粉）	50g
片栗粉	15g
塩	少々
熱湯	75ml
ラード	1g
食用色素 オレンジ	
食用色素 緑	
食用色素 ピンク	

【仕上げ】

銀箔スプレー	適量

作り方

【餡】

1. ぶたの背脂を細かく刻み、網に入れて約45℃のお湯で温める。ほぐれたらとり上げて、ペーパーで水気を切る。
2. むきエビをみじん切りにする。
3. ボウルに**2**とグラニュー糖を入れて混ぜたら、**1**と卵白、塩、こしょう、ごま油を入れて混ぜる。
4. 片栗粉を入れて、よく混ぜる。バットに薄く広げてラップをし、冷蔵庫で冷やしかためる。

【生地】

1. ボウルに貫雪粉と片栗粉、塩、熱湯を入れて、麺棒などでかき混ぜる。
2. 全体がまとまったら手でこねて、途中ラードを加えて耳たぶくらいの固さになるまでこねる。
3. 生地を3等分にし、それぞれに食用色素のオレンジと緑、ピンクを混ぜてこねる。

【仕上げ】

1. 生地を棒状に伸ばし、それぞれ約12gにカットする。平らなヘラなどにサラダ油（分量外）を塗り、円を描くように生地を押しながら、丸く伸ばす。
2. 油がついてない面を内側にし、10～15gくらいの餡を入れて包む。
3. 蒸し器に入れ、中火で約8分蒸す。
4. 銀箔スプレーをかける。

あざやかな色合いも楽しい
旨味たっぷりの点心を召し上がれ。

いらっしゃいませ。
世界の果てのこの場所まで
よくぞおいでくださいました。
あなたの旅を締めくくる
最後のメニューをご用意しました。
FULLMOON COFFEE
OPEN

夜明けのイングリッシュ
ブレックファースト
閉店前の夜明け頃だけお出しする、特別メニューです。
昨夜の月や星を贅沢に使用しております。
夜の終わりと新しい一日の始まりを感じながら、どうぞお楽しみください。
本日もご来店ありがとうございました。
夜明けのイングリッシュブレックファースト（コーヒー付き）
……………………1000円

MANGETSU COFFEE

Presented by SAKURADAKitchen

夜明けのイングリッシュブレックファースト

材料 （1人前）

【ベイクドビーンズ】

オリーブオイル…………………………… 大さじ1
玉ねぎ（みじん切り）……………………… 1/2個
にんにく（みじん切り）…………………… 1片

【A】

水……………………………………………… 250ml
カットトマト缶……………………………… 200g
ローリエの葉………………………………… 1枚
ケチャップ………………………………… 大さじ2
白いんげんの水煮…………………………… 200g
砂糖………………………………………… 大さじ1
赤ワインビネガー（酢）……………… 大さじ1
パプリカパウダー（お好みで）…………… 少々

岩塩…………………………………………… 少々
こしょう……………………………………… 少々

【リエット】

ぶたバラ肉…………………………………… 400g
塩…………………………………… 小さじ1/2
こしょう（粗挽き）………………………… 適量
玉ねぎ………………………………………… 40g
にんにく……………………………………… 1片

【B】

水……………………………………………… 250ml
白ワイン……………………………………… 300ml
タイム（乾燥）…………………………… 小さじ1
ローリエ……………………………………… 1枚

ピンクペッパー………………………… ひとつまみ
パセリ（みじん切り）……………………… 適量

【仕上げ】

食パン（8枚切り）………………………… 1枚
バター………………………………………… 適量
オリーブオイル……………………………… 適量
ベーコン（厚切り）………………………… 1枚
プチトマト（大きめ）……………………… 1個
ゆで卵（半熟）……………………………… 1個
パセリ（みじん切り）……………………… 適量

作り方

【ベイクドビーンズ】

1. 熱した鍋にオリーブオイルをひいて玉ねぎとにんにくを加え、透き通るまで弱火でじっくり炒める。
2. Aを加えて加熱し、沸騰したらフタをして弱火で30〜40分煮込む。
3. ローリエの葉をとり出して、岩塩とこしょうで味をととのえる。さらに10分煮込む。

【リエット】

1. ぶたバラ肉は適当な大きさに切り、塩とこしょうをすり込む。玉ねぎも適当な大きさに切る。
2. 小鍋にオリーブオイル（分量外）を入れて温め、にんにくを入れて加熱する。ぶたバラ肉を入れて焼き目をつけ、Bと玉ねぎを入れて、約2時間弱火で加熱する。
3. 火を止めてローリエをとり出し、ハンドブレンダーやプロセッサーに水分ごと入れて、撹拌する。ピンクペッパーを手でほぐし入れる。粗熱がとれたら、パセリを混ぜ、ココットに入れる。

【仕上げ】

1. 食パンは斜め半分にカットしてトーストし、バターを塗る。
2. 熱したフライパンにオリーブオイルを敷いて、ベーコンを焼く。ヘタをとり、1/2にカットしたプチトマトに焼き目をつける。
3. お皿にベイクドビーンズを盛り付け、リエットと2のベーコン、プチトマト、ゆで卵をのせる。ベーコンにパセリをふりかける。トーストを添える。

一日の始めにピッタリな一品。
たっぷり食べて元気をチャージ！

長い長い旅は
いかがでした？
大変でしたか。
楽しかったでしょうか。
旅をふり返りながらどうぞ
ゆっくりお召し上がりください。
このメニューは
日の出に閉店する当店が
これから旅立つ人へ贈る
特別なメニューです。

きっとこの旅を終えたあなたは
また旅立つのでしょう。
そのときに疲れたのなら
また当店をお探しください。
満月珈琲店はいつでも
あなたをお待ちしています。
本日はご来店
どうもありがとうございました。

世《せ》界《かい》を巡《めぐ》る満《まん》月《げつ》珈《コー》琲《ヒー》店《てん》

2024年6月20日　第2刷発行

作画協力　ひみつ

レシピ制作　山崎千裕、はらゆうこ
スタイリング　桑原りさ
撮影　和田真典
撮影協力　長谷川英雄
デザイン　飯澤彩水（アトムスタジオ）
制作　坂口柚季野（フィグインク）
校正　東京出版サービスセンター
編集　中川通（主婦の友社）

著　者　桜《さくら》田《だ》千《ち》尋《ひろ》

発行者　丹羽良治

発行所　株式会社 主婦の友社
〒141-0021
東京都品川区上大崎3-1-1
目黒セントラルスクエア6F
電話 03-5280-7537（内容・不良品等のお問い合わせ）
049-259-1236（販売）

印刷所　大日本印刷株式会社

ISBN978-4-07-456970-0

■本のご注文は、お近くの書店または主婦の友社コールセンター（電話 0120-916-892）まで。
＊お問い合わせ受付時間　月～金（祝日を除く）10:00 ～ 16:00
＊個人のお客さまからのよくある質問のご案内
https://shufunotomo.co.jp/faq/